PETITION

PRÉSENTÉE

A MESSIEURS LES MEMBRES

DE LA

CHAMBRE DES DEPUTÉS.

DE L'IMPRIMERIE DE HOCQUET.

PÉTITION

PRÉSENTÉE

A

MESSIEURS LES MEMBRES

DE LA CHAMBRE DES DÉPUTÉS,

Au nom des condamnés au bannissement, détenus au fort de Pierre-Châtel, département de l'Ain;

Par CH.-PH. MARCHAND.

« Un Roi ne peut faire le bonheur des
» peuples qu'en régnant suivant les lois. »
(*Testament de Louis XVI.*)

Se vend au profit des condamnés,

Chez { HOCQUET, Imprimeur, faubourg Montmartre, n°. 4;
Et MONGIE, Libraire, boulevard Poissonnière, n°. 18.

1817.

A MESSIEURS LES MEMBRES DE LA CHAMBRE DES DÉPUTÉS.

MESSIEURS,

AUTANT il doit paraître naturel de voir des condamnés invoquer la clémence des gouvernemens, et chercher, par tous les moyens, à adoucir la rigueur de leur condamnation ; autant on doit être surpris d'en voir d'autres solliciter, avec la plus vive instance, l'exécution des jugemens qui les ont frappés. On croirait, au premier aspect, que ces derniers sont empressés de courir à leur perte. Cependant on serait dans l'erreur, et il me sera malheureusement trop facile de prouver que, du moins pour quelques individus, tout espoir d'allégement à leurs peines est dans la peine même qu'on leur infligea. Il faut des cas particuliers pour qu'un tel exemple puisse vous être offert ; mais cet exemple existe, Messieurs, et, pour vous en convaincre, vous n'aurez qu'à jetter les yeux sur la situation des condamnés au banissement, détenus au fort de Pierre-Châtel, département de l'Ain ; situation cruelle que je vais présenter à votre humanité , et qu'on ne saurait faire durer plus long-temps , sans commettre une odieuse injustice.

Les opinions politiques causèrent le malheur de ces condamnés ; l'inexpérience , la crédulité firent agir le plus grand nombre , et je pourrais affirmer que parmi eux il est des victimes d'une perfide suggestion. Je citerais , à l'appui de cette assertion , le banni J. J. Marchand. Il avait vingt ans à l'époque de son jugement ; il n'a suivi que l'instigation de deux misérables que je puis , après d'autres, appeler *moutons* (1) , et il n'a pas même obtenu le faible avantage de leur confrontation lors des débats : ils avaient déjà quitté les lieux souillés de leurs atroces fonctions. « L'espionnage , a dit Montesquieu ,
» serait peut-être tolérable , s'il pouvait être
» exercé par d'honnêtes gens ; mais l'infa-
» mie nécessaire de la personne peut faire
» juger de l'infamie de la chose » (2).

Quoi qu'il en soit , Messieurs , les condamnés au bannissement, détenus à Pierre-

---

(1) « Et le nom de tels agens a passé dans la langue
» usuelle ! » (*Brochure de M. Aignan.*)

(2) *Esprit des Lois* , liv. XII , chap. 23.

Châtel, ne réclament point contre des jugemens rendus par les organes de la loi; je ne viens point non plus, moi, leur interprête, me récrier contre la basse vénalité, contre la prévention (1) : loin de moi ces plaintes désormais superflues ! J'essaierai d'obtenir pour eux ce qu'ils ont le droit de demander; je ferai tous mes efforts pour qu'ils ne soient pas traités avec plus de rigueur qu'ils ne doivent l'être; et ce ne sera point oublier le respect dû à l'autorité, que de signaler un acte qu'on doit s'empresser de réformer, puisqu'il est contraire aux lois. Je ne puis demander justice qu'en disant toute la vérité, et je ne pense pas que cette vérité doive blesser personne. Quand cela serait, je n'en remplirais pas moins la tâche que me commande l'humanité; et si, aux yeux de quelques-uns, ce motif n'était point assez puissant, j'ajouterais : l'un de ces malheureux est mon frère.

Il vous est sans doute difficile, Messieurs, de concilier ces mots : *condamnés au bannissement détenus à Pierre-Châtel*. Vous

---

(1) L'homme prévenu ne vous écoute pas; il est sourd : la place est remplie, et la vérité n'en trouve plus. (*Bossuet.*)

vous demandez comment des hommes bannis ne sont point bannis, comment des hommes qui ne sont point condamnés à la détention sont détenus? Je voudrais qu'il me fût possible de répondre à ces questions, mais le gouvernement seul peut les résoudre; lui seul peut expliquer la mesure qu'il a prise. Aux yeux de tout le monde cette mesure n'est, il faut le dire, qu'une infraction à la loi.

Et en effet, Messieurs, qu'est-ce que *le bannissement?* si le mot lui-même ne s'expliquait pas suffisamment, si l'on ne savait pas que le bannissement est un exil, que, par le bannissement, on entend expulser d'un pays le condamné qui en est l'objet, on pourrait rapporter l'art. 32 du Code pénal, où il est dit :

« Quiconque aura été condamné au ban-
» nissement sera transporté, par ordre du
» gouvernement, hors du territoire de l'em-
pire ».

Cet article n'a besoin d'aucun commentaire, et il est évident que l'homme condamné au bannissement et qu'on doit transporter hors du territoire de l'empire, n'est point condamné à la réclusion.

Ceux pour qui je réclame l'exécution rigoureuse de la loi subissent donc en ce moment une détention illégale ; le jugement qui les atteignit n'est donc point observé ; ils ont donc le droit de demander qu'on fasse cesser l'état de misère qui les accable.

Cependant, Messieurs, il serait inexact de dire que le gouvernement a défendu le bannissement ; non , il n'a point déclaré suspendre l'art. 32 du Code pénal , mais, par les entraves qu'il a mises à son exécution , il l'a rendue impossible, et c'est l'équivalent de la suspension.

Une Ordonnance du Roi , en date du 2 avril dernier, porte, art. 4, » que les individus condamnés au bannissement seront transférés à la maison de Pierre-Châtel et y resteront pendant la durée de leur ban , à moins qu'ils n'obtiennent la faculté d'être reçus en pays étranger » ; et, par suite de cette ordonnance , on exige (1) une déclaration d'un ministre étranger constatant que cette faculté est accordée.

Il semble d'abord que rien n'est plus simple : « demandez à un ministre étranger

---

(1) Lettre de S. E. le Garde des Sceaux, du 13 mai 1817.

» l'autorisation dont il s'agit, il n'a aucune » raison pour vous la refuser; dès que vous » l'aurez, vous serez banni ». Oh! sans doute, Messieurs, les hommes détenus à Pierre-Châtel ne seraient point aujourd'hui forcés de recourir à vous, s'ils avaient pu demander et obtenir avec cette facilité. Mais il en est autrement : l'article de l'ordonnance qui exige qu'on s'adresse à un gouvernement étranger; cette disposition, qui ne semble prescrire qu'une formalité à remplir pour assurer l'exécution de la loi, la rend absolument sans effet; cette disposition, enfin, est un véritable obstacle mis au bannissement. Comment voudrait-on que de misérables prisonniers pussent tenter de telles démarches? Souffrira t-on qu'ils s'adressent aux ministres étrangers, eux dont les lettres les plus insignifiantes sont interceptées? A coup sûr un détenu qui écrirait à un ministre (et à un ministre étranger sur tout!) ne pourrait espérer de faire parvenir sa lettre seulement jusqu'au concierge : le guichetier, le porte-clefs ou tout autre en aurait bientôt fait justice.... Et quand le placet parviendrait à son excellence, quelle attention fera-t-on à la demande d'un homme obscur qui écrit du fond d'une prison et qui n'est condamné que pour *cause politique* ? Le ministre étranger fera indubitablement cette réflexion : « puisqu'on vous retient, on ne veut pas vous bannir ; vous êtes en prison, donc il faut que vous y restiez ».

Mais si les détenus ne peuvent solliciter eux-mêmes, ils ont des parens qui feront pour eux ces démarches ? Oui, sans doute, et j'ai la triste satisfaction d'avoir fait, pour mon frère, toutes celles qu'il était en mon pouvoir de faire. C'est en mettant leur résultat sous vos yeux, c'est par leur non-succès que vous jugerez, Messieurs, de l'impossibilité où se trouvent les condamnés de remplir la formalité voulue, et de l'entrave qui résulte, parconséquent, de l'ordonnance du 2 avril.

Je m'adressai d'abord au ministre du Roi des Pays-Bas qui parut disposé à accueillir ma demande. Il voulut, toute fois, avoir l'assentiment du ministère français, et je dois à la vérité de dire qu'on n'y mit aucune opposition. Mais alors le Roi des Pays-Bas expulsait de ses Etats tous les Français qui s'y étaient refugiés....

Ici se présente, Messieurs, une réflexion

qui ne peut vous échapper : si le gouvernement français croyait devoir exiger de la part d'un homme banni qu'il justifiât de la permission d'un gouvernement étranger de se rendre sur son territoire, comment, à son tour, ce gouvernement étranger croyait-il devoir exiger l'assentiment du gouvernement français pour accorder cette permission? N'est-ce pas comme s'il eût demandé la permission de permettre; les deux gouvernemens sont-ils convenus, l'un de n'envoyer, l'autre de ne recevoir que les individus qu'il plaira au premier d'exiler, sans égard à des jugemens rendus?... De deux choses l'une : ou la mesure était prescrite dans l'intérêt de l'étranger, et alors ce n'était nullement au ministère français à l'ordonner, car il n'est point chargé de la police étrangère; ou elle était prescrite dans l'intérêt du condamné, et alors il fallait demander officiellement et obtenir pour lui l'autorisation exigée (car le bannissement doit avoir lieu), ou bien lui laisser la faculté de solliciter lui-même et à ses risques et périls, une fois qu'il serait sur les lieux. En tout état de cause, il devait être conduit jusqu'à la frontière, et si le premier gouvernement étranger, auquel il se serait présenté, ne l'eût point souffert chez lui, il eût passé outre et cherché l'hospitalité ailleurs : il semble que tel devait être le sort d'un homme banni.

Mais que penser, Messieurs, lorsqu'aussitôt que l'ordonnance du 2 avril est connue, et dans le temps même où le condamné est en instance auprès d'un gouvernement étranger, il est conduit des prisons d'Alençon au fort de Pierre-Châtel, sans qu'on attende le résultat de ses démarches ?

Toutefois elles ne se sont point bornées à cette première demande rejetée par le Roi des Pays-Bas. Un journal du 13 août dernier, citait sous la rubrique de Suisse, une circulaire des Ministres des quatre puissances alliées, réunis à Paris, d'après laquelle tous les Français bannis devaient fixer leur résidence dans les trois monarchies d'Autriche, de Prusse ou de Russie. J'adressai, en conséquence, au Ministre d'Autriche une requête au nom du banni J. J. Marchand, et je crus devoir en prévenir S. E. le Garde des Sceaux, Ministre de la justice. Le Ministre étranger ne répondit point à ma demande (1), mais M. le Garde de Sceaux me

(1) Une demande adressée précédemment au Ministre de Bavière était également restée sans réponse.

fit l'honneur de m'écrire que la circulaire dont je l'avais entretenu n'était point connue à son ministère, que d'ailleurs, en la supposant véritable, «elle ne concernerait évidemment que les individus bannis en vertu » de la loi du 12 janvier 1816, et de l'ordonnance du Roi du 17 du même mois. » S. E. ajoutait : «Elle (la circulaire) ne pourrait donc rien changer à la position des » individus, qui, comme votre frère, ont » été condamnés au bannissement par arrêt » des cours de justice ». Voilà donc encore une démarche infructueuse; la dernière porte que je croyais ouverte à mes justes sollicitations se trouve donc irrévocablement fermée ; c'est la lettre de M. le Garde de Sceaux qui me l'annonce.

Mais, Messieurs, je ne suis entré dans les détails de cette dernière tentative, que parce que la loi du 12 janvier 1816, rappelée dans la lettre du Ministre de la justice, me fournit elle-même un argument contre l'ordonnance du 2 avril 1817. Cette loi du 12 janvier qui ne concerne point en effet les individus condamnés au bannissement par arrêt des cours d'assises, puisqu'elle accorde, sauf les exceptions, amnistie pleine et entière à tous ceux qui ont pris part à l'usurpation de Napoléon Bonaparte; cette loi, dis-je, s'exprime ainsi : « Art. 5. La présente amnistie n'est » point applicable aux personnes contre lesquelles ont été dirigées des poursuites ou » sont intervenus des jugemens avant la promulgation de la présente loi; les poursuites » seront continuées et les jugemens exécutés » conformément aux lois ». (1)

Les poursuites seront continuées et les jugemens exécutés conformément aux lois: Tels sont, vous le voyez, Messieurs, les termes de celle du 12 janvier qui se trouve ainsi en oppositon directe avec l'ordonnance du 2 avril, puisque celle-ci empêche l'exécution des jugemens; de sorte que la loi d'am-

---

(1) Le procès de J. J. Marchand est postérieur, mais le principe adopté pour les poursuites dirigées, avant la promulgation de la loi, doit s'appliquer, à plus forte raison, aux poursuites dirigées après; car, comme il ne s'agissait ici que d'excepter de l'amnistie, on ne pouvait pas parler de personnes que l'on ne poursuivait point encore. Je ne cite donc la loi du 12 janvier 1816, que parce qu'elle pose un principe que l'ordonnance du 2 avril 1817 détruit. Au surplus, je n'aurais pas besoin de cet argument pour prouver que l'ordonnance est contraire au Code pénal.

nistie du 12 janvier n'aurait été suivie qu'en ce que les poursuites ont été continuées...

C'est donc, Messieurs, contre l'article 4 de l'ordonnance du 2 avril que réclament les condamnés au bannissement détenus à Pierre-Châtel ; contre cette disposition évidemment inexécutable et qu'il semble que le gouvernement français ne pouvait pas ordonner. Inexécutable, parce que rien n'est possible à un homme dans les fers ; il ne peut que souffrir. Que le gouvernement ne pouvait pas ordonner, parce que le concours d'un ministre étranger est nécessaire pour son exécution ; elle dépend de l'autorisation qu'il faut demander à ce ministre. Et il est encore une raison également péremptoire pour laquelle le gouvernement français ne devait pas prescrire cette formalité : c'est qu'elle ne peut être motivée que par la sûreté ou la tranquillité du pays étranger. Or, sans vouloir établir que des hommes obscurs et qui ne demandent qu'à vivre de leur travail ne sauraient être à craindre, il suffit de répéter que le ministère français n'est point chargé de la police étrangère. Dès qu'un gouvernement aura fait connaître que les hommes bannis n'entreront chez lui qu'avec sa permission, ils la lui demanderont. Jusques-là ils ne sont point en faute, et le gouvernement qui les exile, doit se borner à les faire conduire à la frontière. Quant à la France, ils savent ce qu'il leur en coûterait d'y rentrer ; (1) ils s'en garderont bien, et ne la troubleront plus, si, en effet, ils l'ont déjà troublée. Ce n'est donc point l'affaire du gouvernement français de demander si on les recevra ailleurs. Lorsqu'un père chasse de sa maison un fils ingrat, il ne l'empêche pas d'aller frapper à la porte de ses voisins ; et il s'en trouve toujours qui lui donnent un asile, car enfin, l'humanité réside quelque part. Eh ! qui refuserait l'hospitalité à celui qui la demanderait en ces termes : « Je suis victime (2) de mon aveugle confiance en des hommes perfides, et de l'inexpérience attachée à mon âge ; sans d'infâmes suggestions, j'aurais vécu en citoyen paisible et soumis aux lois ; je ne serais point proscrit pour une faute que l'on m'a fait commettre... Je demande à vivre chez vous de mon travail, c'est ma seule ressource ; vous n'aurez

(1) La déportation (art. 53 du Code pénal.)

(2) Je prends toujours mon frère pour exemple.

point à vous plaindre de mes actions : vous ne me verrez suspendre mes travaux que pour verser des larmes sur l'éloignement où je suis de ma patrie » ?....

Que si l'on prétendait considérer cette commutation de peine comme un acte de *clémence*, il faudrait alors chercher un autre mot pour exprimer *la vertu qui porte à pardonner les offenses ou à modérer les châtimens.* Mais la supposition est impossible ; un acte de rigueur n'est point un acte de clémence (1).

Ah ! sans doute il est grand le malheur d'être proscrit ! On ne retrouve nulle part sa patrie. « Le pays natal, quel qu'il soit, est toujours celui qu'on préfère à tous les autres ». Mais quand tout espoir de revoir ses foyers n'est point encore perdu, lorsque le bannisement doit, malgré sa longue durée,

---

(1) « Les Monarques ont tant à gagner par la clé» mence, elle est suivie de tant d'amour, ils en reti» rent tant de gloire, que c'est presque toujours un » bonheur pour eux d'avoir l'occasion de l'exercer ; et » on le peut presque toujours dans nos contrées ». (*Esp. des Lois*, liv. VI, chap. 21.)

avoir un terme (1) ; n'est-il pas permis de le désirer si, dans l'exil, nous trouvons un allégement à nos maux ? Pour montrer, jusqu'à l'évidence, que la réclusion est un état pire que le bannissement, il suffirait de rappeler l'art. 7 du Code pénal : il classe la réclusion parmi les peines *afflictives et infamantes*, tandis que, par l'art. 8, le bannissement est une peine *infamante* seulement. Mais, laissant de côté cette distinction de la loi, si l'on porte son attention sur le traitement des hommes bannis, détenus à Pierre-Châtel, on se convaincra bien plus encore de l'avantage qu'il y aurait pour eux dans l'exécution de leurs jugemens. Ils jouissent, d'après un arrêté de S. E. le

(1) Mon jeune frère a été condamné à 10 ans de bannissement pour proposition de complot, etc. C'est le maximum de la peine ; mais que ne doit-on pas au progrès des lumières, puisqu'il y a 50 ans on faisait mourir un enfant, par la torture et par le feu, pour n'avoir pas ôté son chapeau devant une procession qui passait à 30 pas de lui et pour d'autres crimes tout aussi graves !..... « Comme si, dit Voltaire, des » extravagances de jeune homme, des paroles empor- « tées dont il ne reste pas le moindre vestige, étaient » un crime d'état, une conspiration ». (*Mort du che-* » *valier de La Barre.*)

Ministre de l'intérieur ; « 1°. de 75 décagrames de pain de munition ; 2°. de 75 décagrames de soupe, et couchage sur la paille, suivant les réglemens ».

Quel est celui de ces condamnés, quelque faible que l'on suppose sa capacité, qui ne trouverait pas un meilleur sort sur une terre étrangère ? Si le gouvernement veut les retenir en France, doit-il les traiter plus rigoureusement qu'ils ne le seraient aux lieux de leur exil ? Non, cela est impossible ; ce serait enfreindre à-la-fois et les lois de la justice et les lois de l'humanité.

Que si le gouvernement répond que la formalité exigée par l'ordonnance n'est qu'une suite de conventions arrêtées avec les puissances alliées, il est un moyen bien simple de la remplir. Remettez aux ministres étrangers des listes de ces condamnés ; qu'elles indiquent, avec le motif de la condamnation, les circonstances qui peuvent militer en leur faveur, telles, par exemple, que leur âge, leur inexpérience, l'instigation dont ils sont les victimes, etc. ; et alors aucun gouvernement étranger ne pourra voir dans ces proscrits des hommes qu'on doive rejeter à jamais de la société. Ils pourront même attirer sur eux des regards d'indulgence que plus tard on verra partagés par le gouvernement de leur pays, par ce gouvernement qui, sans doute, ne considère point de pareils jugemens comme les actes d'une vengeance sans bornes et qu'il serait indigne de lui d'exercer. Telle serait du moins l'espérance que me donnerait la position du jeune Marchand, mon frère, car c'est particulièrement pour lui que je réclame et que je dois réclamer.

Dans le cas contraire, et si le bannissement était définitivement impossible ; s'il n'était ni dans l'intention du gouvernement qui exile, ni dans l'intention de l'étranger de le permettre, il y aurait encore des moyens de se rapprocher de l'équité et de la loi ; c'est-à-dire, de ne faire souffrir, en France, les condamnés au bannissement qu'à l'égal de ce qu'ils souffriraient en pays étranger. Sans connaître, sous ce rapport, toutes les ressources du gouvernement, il semble qu'il pourrait être formé des dépôts de ces individus où le travail leur serait permis, où la liberté leur serait accordée jusqu'à un certain point, où enfin ils pourraient respirer l'air dont leur condamnation ne les a pas privés. De tels établissemens pourraient, peut-être, exister à Oléron, à l'isle de Rhé, ou dans toute autre partie du royaume. Mais il est bien entendu que les condamnés au bannissement ne seraient point alors traités à l'instar des *forçats* ou des *pionniers*, car ce serait encore une injustice et c'est contre l'injustice qu'ils élèvent la voix. S'il en était, dans le nombre, qui eussent mérité d'être traités avec une plus grande sévérité, c'est ce que le gouvernement pourrait et devrait examiner sans qu'il en résultât pour les autres la moindre charge accablante, sans que le sort de ces derniers dût en être aggravé.

Après les démarches sans succès, dont j'ai parlé, je ne crus pas devoir en hasarder d'autres auprès des Ministres étrangers, et l'on ne songera point, sans doute, à m'en faire une objection. L'impossibilité de réussir est trop clairement démontrée. Bien que la convention qui assigne aux Français bannis les trois monarchies d'Autriche, de Russie et de Prusse, ne concerne d'autres individus que ceux compris dans la loi du 12 janvier 1816, tout Ministre d'une autre puissance auquel je me serais adressé n'aurait point manqué de me renvoyer en Autriche, en Prusse ou en Russie. Et il est bien plus probable encore, que Son Excellence se fût bornée à ne répondre à ma demande que comme les Ministres d'Autriche et de Baviere (1), c'est-à-dire, à n'y pas répondre du tout. Et si l'on m'indiquait plus spécialement les Etats-Unis, comme la puissance où le succès eût été le moins douteux, je répondrais que, parmi les quarante condamnés qui se trouvent à Pierre-Châtel, il n'y en a peut-être pas deux qui soient en état de payer 1000 ou 1200 fr. pour le *passage*, et que ce serait une autre manière d'empêcher le bannissement que de ne le permettre qu'en Amérique. D'ailleurs, le Code pénal, en prescrivant que le condamné sera transporté à la frontière, ne dit point qu'il sera conduit chez une puissance plutôt que chez une autre; mais il dit encore moins qu'il sera transféré dans une maison de détention.

C'est à vous, Messieurs, que s'adressent ces malheureux, pour faire cesser l'injuste

---

(1) Voir la note de la page 11.

réclusion qu'ils subissent à Pierre-Châtel. Ils vous disent :

« Nous avons été condamnés à une peine proportionnée à nos délits, cette peine est le bannissement, nous demandons à être bannis.

» Pour nous faire subir une peine plus forte il faudrait de nouveaux jugemens. Cependant une peine plus forte nous est infligée et de nouveaux jugemens n'ont point été rendus. Oui, Messieurs, l'ordonnance du 2 avril nous condamne, par le fait, à languir dans les prisons, à y consumer des années qu'il ne nous était point défendu d'employer à notre profit sur un sol étranger.....

» C'est la loi à la main que nous vous portons nos plaintes ; c'est l'exécution des sentences qui nous ont atteints que nous sollicitons et qu'on ne peut nous refuser ; C'est la justice, enfin, que nous demandons... Qu'il nous soit permis de nous adresser, pour l'obtenir, aux Représentans de la Nation ».

Présenté à Paris le 5 novembre 1817.

Ch. Ph. MARCHAND.

www.ingramcontent.com/pod-product-compliance
Ingram Content Group UK Ltd.
Pitfield, Milton Keynes, MK11 3LW, UK
UKHW032024260826
14628UKWH00006B/2705

9 782011 752727